MW01154184

Dream big, our little Boo

– Mommy & Daddy –

My First
Trip to Japan
初めての日本旅行

Made with 🖤 by Upfly Books

Written by Yeonsil Yoo | Illustrated by Anastasiya Halionka | Translated by Miki Bessler

"Yay! School is over!"
「やったー！きょうで がっこうは おしまい！」

Summer vacation has started at Yuki's school.
ゆきの がっこうでは なつやすみが はじまります。

Yuki is excited to play
with her favorite toys every day at home.
ゆきは おうちで まいにち おきにいりの おもちゃで
あそぶのが たのしみで しかたが ありません。

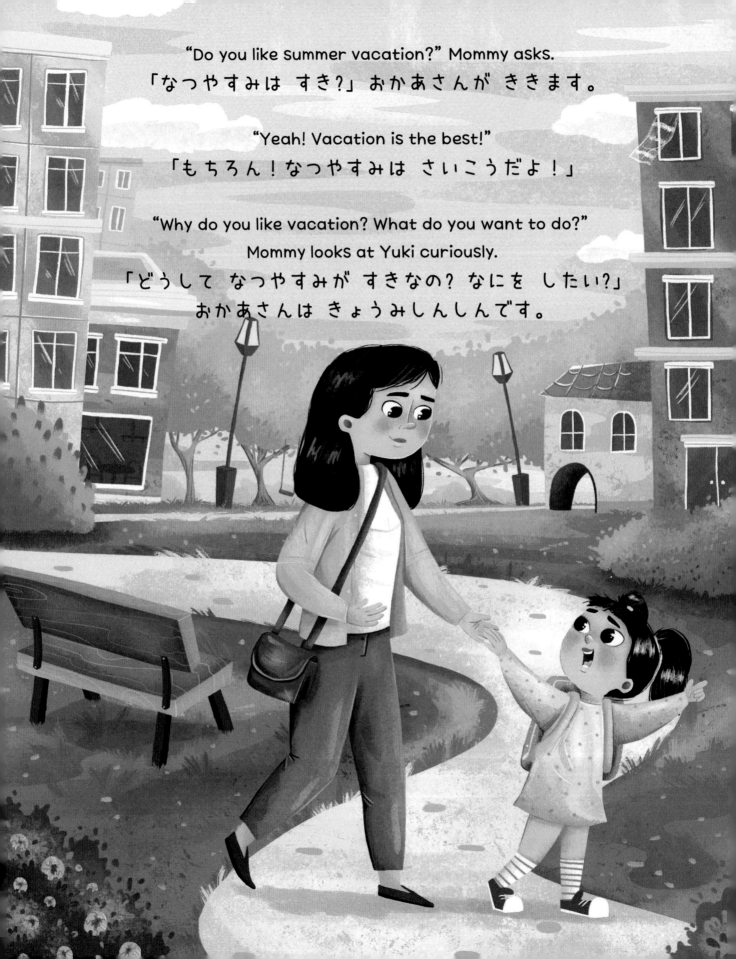

"Do you like summer vacation?" Mommy asks.
「なつやすみは すき?」おかあさんが ききます。

"Yeah! Vacation is the best!"
「もちろん！なつやすみは さいこうだよ！」

"Why do you like vacation? What do you want to do?"
Mommy looks at Yuki curiously.
「どうして なつやすみが すきなの？ なにを したい？」
おかあさんは きょうみしんしんです。

Every day I can watch TV,
まいにち テレビを みたり、

eat ice cream,
アイスクリームを たべたり、

and play with Fishy and T-rex!
おさかなさんと
きょうりゅうさんと あそべる！

Oh, and Ducky as well!
あっ！それと あひるさんも！

"But Yuki, you can play with your toys any time.
This summer, why don't we go to Japan?

「でもね、ゆき、おもちゃとは いつでも あそべるでしょう。
せっかくだから、このなつやすみは にほんへ いきましょう。

You can try a summer camp in Japan and meet new friends there!"
"No! I don't want new friends!" Yuki shouts.

にほんの がっこうへ かよったら、
あたらしい おともだちも つくれるわよ!」
「やだ!あたらしい おともだち なんか いらないよ!」
ゆきは おおごえで いいました。

"Then, what about visiting Grandma and Grandpa? If we go to Japan, we can visit and play with Grandma, Grandpa, Aunt, and Uncle." Mommy talks softly while she holds Yuki's hands.

「それじゃあ、おばあちゃんと おじいちゃんに あいに いくのは どう？
にほんへ いったら、おじさん、おばさん、おじいちゃん、
おばあちゃんと あえて あそべるわよ。」 おかあさんは
ゆきの てを にぎって、やさしく いいました。

"I miss Grandma and Grandpa..."
「おじいちゃんと おばあちゃんに あいたいよ。」

Yuki wants to visit and play with Grandma, Grandpa, Aunt, and Uncle, but she doesn't want to make new friends.

ゆきは おじさん、おばさん、おじいちゃん、おばあちゃんと
あって あそびたいけれど、あたらしい おともだちは
つくりたくは ありません。

On the plane to Japan, Yuki looks out the window.

にほんへ むかう ひこうきで、ゆきは まどの そとの
けしきを ながめていました。

Big, fluffy clouds are everywhere,
and all the houses and cars under the clouds look so tiny.
They look like her toys at home.

おおきくて、ふわふわした くもが どこまでも ひろがっていて、
くもの したに ある すべての おうちや くるまは
とても ちいさく みえました。
それらは まるで、じぶんの おうちに ある おもちゃの ようでした。

But she can't stop thinking about the camp in Japan
Mommy was talking about.

しかし、ゆきは おかあさんが はなしていた
にほんの がっこうの ことで
あたまが いっぱいでした。

'What if no one wants to play with me?'

「もし、だれも わたしと あそんで くれなかったら どうしよう。」

'I can't speak Japanese well. What if other kids make fun of me?'
I just want to stay at home and watch TV every day!'

「わたしは にほんごが じょうずに はなせないよ。
もし、ほかの こたちが からかってきたら どうしよう。
おうちに いて まいにち テレビを みていたいな！」

After a long flight, the plane lands in Japan.

ながい じかんの あと、ひこうきは にほんへ つきました。

At the airport, Grandma, Grandpa, Aunt, and Uncle
welcome Yuki with big hugs.

くうこうでは、おじさん、おばさん、おじいちゃん、おばあちゃんが
ゆきを でむかえに きてくれ、おおきな ハグを してくれました。

Although Yuki has chatted with them through video calls so many times,
she is too shy to say "Kon ni chi wa" ("hello" in Japanese).
So she just hides behind Mommy.

なんども テレビでんわで はなしている はずなのに、
ゆきは はずかしくて、「こんにちは」と なかなか
いえずに います。そして、おかあさんの
かげに かくれて しまいました。

Aunt and Uncle give Yuki lots of toys, and Grandma and Grandpa
spoil her with so many yummy ice creams and snacks.
Yuki is so happy with all of these gifts and goodies.

おばさんと おじさんは ゆきへ たくさんの おもちゃを ようい
してくれ、おじいちゃんと おばあちゃんは たくさんの
おいしい アイスクリームや おかしを くれました。
ゆきは いろんな プレゼントと おいしい ものに
うれしい きもちで いっぱいに なりました。

"Is it delicious, Yuki?" Grandma asks.
「ゆき、おいしい?」
おばあちゃんは
ききました。

"Yeah, it's so yummy! But Grandma, don't tell Mommy!
Mommy said I shouldn't eat ice cream every day!"
Yuki speaks in a whispering voice to Grandma.

「うん、とってもおいしいよ！アイスクリーム、だいすき！
でも、おばあちゃん、おかあさんには ないしょね！おかあさんは
まいにち アイスクリームを たべちゃ ダメよって いうから！」
ゆきは、ひそひそ ごえで おばあちゃんへ ささやきました。

"Okay, this is our secret!" Grandma says, with a big smile.
Yuki slowly decides that she will like visiting Japan.

「わかったわよ。わたしたち だけの ひみつね！」
おばあちゃんは おおきな えみを うかべて、いいました。
ゆきは、すこしずつ にほんへ くる ことが
すきになっていきました。

But whenever Mommy talks about the summer camp, Yuki becomes worried.

しかし、おかあさんが にほんの がっこうの ことを
はなす たびに、ゆきは ふあんに なるのです。

"Yuki, we're going to visit the new camp tomorrow.
There will be lots of games to play, fun books and toys,
and you can make new friends and meet the teachers!"
Mommy seems excited, but Yuki is upset!

「ゆき、あしたは あたらしい がっこうへ いくわよ。
たくさんの ゲームや、たのしい おもちゃに ほんも あるし、
せんせいたちにも あえて、あたらしい おともだちも
つくれるわよ!」おかあさんは ワクワクしている
ようですが、ゆきは おこっています。

"I told you, I don't wanna go to the new camp!" Yuki shouts.
「おかあさん、わたし、あたらしい がっこうへは いきたく
ないって いったでしょ！」ゆきは おおきな こえで いいました。

"Why not?"
「どうして？」

"If I go to the camp, T-rex will be alone at Grandma's house.
I'm going to stay home and play with T-rex!"
Yuki looks down at the floor, trying to hold back her tears.
「だって、もし、わたしが がっこうへ いったら、
きょうりゅうさんが おばあちゃんの おうちで ひとりぼっちに
なっちゃうよ。おうちにいて、きょうりゅうさんと あそびたい！」
ゆきは なみだを こらえるように、じっと したを みています。

"T-rex won't be alone. Mommy will be there with him."
Mommy talks gently to Yuki while she rubs Yuki's back.
「きょうりゅうさんは ひとりぼっちには ならないわよ。
おかあさんが いっしょに いてあげるから。」
おかあさんは ゆきの せなかを さすりながら、
やさしく いいました。

"No! I don't like it! I don't like the camp
and the new friends!" Yuki cries.
「だめ！ そんなの いやだよ！ がっこうも
あたらしい おともだちも すきじゃない！」

Mommy scooches down and holds Yuki's hands to comfort her.
おかあさんは しゃがみこんで ゆきの てを
そっと にぎって なぐさめました。

"Yuki, we haven't even tried yet, right? If you don't like it
after you try it tomorrow, you don't have to go anymore.
But you need to at least give it a try. Deal?"
「ゆき、まだ なにも やって みて いないでしょう？
あした がっこうへ いってみて、そのあと
いやだったら、もう いかなくても いいのよ。
いちどで いいから、やった ことが ない ことに
ちょうせん して みましょう。いい?」

"Okay..." Yuki reluctantly nods.
「うん。」ゆきは しぶしぶ
うなずきました。

Finally, it is the first day of summer camp.
ついに、にほんの がっこうの しょにちです。

Yuki drags herself around the entire morning,
hoping to avoid going to the camp.
ゆきは あさから ずっと がっこうに いかなくても
すむ ようにと、ぐずぐずしています。

"Yuki, you should hurry up and change your clothes!"
「ゆき、いそいで きがえてね！」

"Okay..."
「わかったよ。」

Yuki answers reluctantly,
but she is still rolling around the floor, doing nothing.
ゆきは しぶしぶ こたえながらも、
なにも する ことなく ウロウロしています。

Soon, Mommy enters her room.
すると、おかあさんが ゆきの へやへ はいって きました。

"Yuki, you haven't changed yet?
Can you change your clothes, please, right now?"
Mommy is very upset.
「ゆき、まだ きがえて いないの? おねがいだから、
いま すぐに きがえて くれる?」
おかあさんは ふきげん そうに いいました。

"Okay... I'm changing..."
「わかったよ、これから きがえるよ。」

Yuki sighs and starts to change her clothes, one piece at a time.
ゆきは ためいきを つき、いっちゃくずつ きがえ はじめました。

Mommy, Daddy, and Yuki arrive at the school.
One teacher greets them with a big smile.
おかあさん、おとうさん、そして ゆきは がっこうへ つきました。
ひとりの せんせいが おおきな えがおで でむかえて くれました。

"You must be Yuki. Welcome to our class!"
「あなたが、ゆきさんですね。クラスへ ようこそ！」

Yuki becomes even more nervous:
unlike back home in Canada, everyone here is speaking only Japanese.
ゆきは、ますます きんちょうして きました。ここは カナダとは
ちがい、みんな にほんごしか はなしていません。

But the teacher continues talking.
"Let's say bye-bye to Mommy and Daddy,
and then I'll introduce you to the other kids in the class!"
しかし、せんせいは はなし つづけます。
「それでは、おかあさんと おとうさんへ さようならして、
クラスの みんなへ じこしょうかいを しましょう！」

Yuki sends Mommy and Daddy a signal by shaking her head subtly,
but Mommy and Daddy don't seem to notice.
ゆきは おかあさんと おとうさんへ さりげなく あたまを ふって
あいずを おくりましたが、おかあさんと おとうさんは
きづいて いない ようです。

"Have fun!" Mommy and Daddy cheer.
「たのしんでね！」 おかあさんと おとうさんは よろこんでいます。

In the classroom, some of the kids are already
chatting, laughing, and running around.

きょうしつでは、すでに なんにんかの
こたちが おしゃべりを したり、わらったり、
はしりまわったり しています。

When Yuki enters the classroom, everyone looks at her.
Yuki tries not to look at anybody.

ゆきが きょうしつに はいった とき、
ぜんいんが ゆきを みました。
ゆきは だれも みない ように していました。

She walks towards some of the toys
and picks up a yellow digger toy.

いくつかの おもちゃに むかって あるき、
きいろいの ショベルカーの おもちゃを ひろいました。

Her classmates want to talk to her,
but no one is willing to be the first one.
クラスメイトは ゆきと はなしたがって
いますが、だれも じぶんから はなしかけ
ようとは しません。

Then, one boy walks over to Yuki.
すると、ひとりの おとこの こが
ゆきの もとへ あるいてきました。

"Hi, my name is Haru. What's your name?"
「こんにちは、ぼくの なまえは、はる。
きみの なまえは?」

"I'm Yuki."
「わたしは ゆき。」

Haru beams with joy and continues to talk to Yuki.
はるは うれしそうに、ゆきに はなし つづけます。

"Do you like diggers? I like them, too!
There's a big yellow digger toy at the play center.
Do you want to go and play together?"
「ショベルカーは すき? ぼくも すきなんだ！
おおきくて きいろい ショベルカーの おもちゃが
あそびばに あるよ。いっしょに
いって あそびたい?」

"YEAH!"
「うん！」

Yuki and Haru hold hands,
and together they run to the play center.
ゆきと はるは てを つないで、あそびばへ
はしって いきました。

And just like Haru said, there was
a big, yellow digger toy in the play center.
そして、はるが いっていた、おおきくて きいろい
ショベルカーの おもちゃが あそびばに
おいてありました。

"Let's go! Let's hop on it together!"
「いこう！ いっしょに のろう！」

Yuki and Haru run to the digger.
ゆきと はるは ショベルカーの おもちゃの
もとへ はしって いきました。

While she was having so much fun playing with Haru,
Yuki thought to herself, 'Playing with Haru is so much fun!
I can't wait to come back tomorrow!'
はると たのしく あそんで いる うちに、
ゆきは こう おもいました。「はると あそぶのは
とっても たのしいな！ あした、また ここへ
もどって これるのが まちどおしいな！」

Have you ever been worried or scared about something,
before you even tried it?

あなたは、なにかに ちょうせんする まえに、
しんぱいしたり こわがったり した ことは ある?

Sometimes we can be scared of places we've never been,
and people who are very different.

わたしたちは、まだ いった ことのない ばしょや、
じぶんとは まったく ちがう ひとたちを こわいと
おもう ことが、ときどき あるよね。

But when we get to know them,
we find out that there is nothing to be scared or worried about.

それでも、わたしたちが そのひとたちを しる ことで、
なにも こわがる ことも、しんぱいする ことも
ないと いう ことが わかるよ。

So, next time you are scared about something new,
why don't you give it a try first, and see what happens?

だから、こんど なにか あたらしい ことで こわく なったら、
まずは ちょうせんしてみて、どう なるか
ためして みたら どうかな?

Bonus!

Download printable
vocabulary flashcards for FREE!

SCAN ME

♥

If you enjoy this book, please share your thoughts on Amazon!
It will help other families like you discover this book, and will allow me
to keep creating exciting adventures to share with everyone!

About the author

Yeonsil is a children's author and proud mother of a multicultural child who is Korean, Chinese, American, and Canadian.

Yeonsil is passionate about giving her daughter the chance to connect with her family roots and embrace her diverse background.

As the author of the 'My First Trip' series,
Yeonsil aims to provide children with fun and meaningful stories
that help them explore the world's cultures and be proud of their origins.

For more information, and to keep updated with her books, visit her website at www.upflybooks.com or follow her on Instagram @upflybooks.

Made in the USA
Monee, IL
15 January 2024

51856000R00021